READER'S DELIGHT

छत्रपति शिवाजी
की जीवनी

READER'S DELIGHT
An Imprint of Ramesh Publishing House
NEW DELHI

Published by: Alok Kumar Gupta for Reader's Delight
(An Imprint of Ramesh Publishing House)

प्रशासनिक कार्यालय:

12-H, न्यू दरियागंज रोड, ऑफिसर्स मेस के सामने,
नई दिल्ली-110002 ℐ 23261567, 23275224, 23275124
ई–मेल : info@rameshpublishinghouse.com
वेबसाइट : www.rameshpublishinghouse.com

विक्रय केन्द्र:

- बालाजी मार्किट, नई दिल्ली-6 ℐ 23253720, 23282525
- 4457, नई सड़क, दिल्ली-6, ℐ 23918938

© सर्वाधिकार प्रकाशकाधीन हैं।

इस पुस्तक में प्रयुक्त समस्त सामग्री के सभी व्यावसायिक अधिकार प्रकाशक के पास सुरक्षित हैं अतः इस पुस्तक या इसके किसी भी अंश का पुनर्मुद्रण या व्यावसायिक पुनर्प्रस्तुतीकरण अवैधानिक माना जायेगा।

क्षतिपूर्ति : यह पुस्तक इस विशेष शर्त के साथ विक्रय/वितरित की जा रही है कि न तो लेखक और न ही प्रकाशक व्यक्तिगत अथवा सामूहिक रूप से पुस्तक के ग्राहक/उपभोक्ता/धारक को किसी भी कारण से, किसी भी परिस्थिति में पुस्तक के विक्रय-मूल्य से अधिक की क्षतिपूर्ति के लिए उत्तरदायी होंगे। यदि आप इस शर्त से सहमत न हों तो कृपया पुस्तक को न खरीदें/स्वीकार करें/रखें।

अस्वीकरण : इस पुस्तक में मुद्रित संख्याएँ एवं आँकड़े केवल सूचनार्थ हैं और अधिकारिक रूप से उद्धृत नहीं किये जाने चाहिएँ।

Book Code: A-85

ISBN: 978-93-5012-266-2

प्रस्तावना

छत्रपति शिवाजी की जीवनी भारतीय इतिहास के एक महान योद्धा की जीवन गाथा है। उनका साहस, आत्मविश्वास और वीरता उतने ही महान और मजबूत थे जितने कि उनके द्वारा निर्मित, विजित और शासित अनेकों विशाल किले।

शिवाजी किसी बड़े राज्य के राजकुमार के रूप में उत्पन्न नहीं हुए थे। वे अपने पिता के संरक्षण और सहारे के अभाव में एक आज्ञाकारी सहयोगी की मदद से उनकी माता द्वारा पाले-पोसे गए थे।

शिवाजी मध्यकालीन विश्व के प्रथम शासक थे जिन्होंने सामंती प्रथा समाप्त करने का क्रांतिकारी विचार अपनाया। वे एक न्यायप्रिय एवं कल्याणकारी शासक थे जिनका अपनी प्रजा के प्रति एक उदार दृष्टिकोण था। उन्होंने सैन्य संगठन, किलों की वास्तुकला, समाज एवं राजनीति में कई क्रांतिकारी परिवर्तन किये।

अंदर के पृष्ठों में इस बात का रुचिकर एवं खोजपूर्ण वर्णन है कि किस प्रकार एक बालक, जो अपने पिता के संरक्षण के अभाव में पला-बढ़ा था, बिना किसी औपचारिक शिक्षा और प्रशिक्षण के एक महान योद्धा एवं मराठा राज्य का अधिपति बन कर उभरा। उनकी बहादुरी के कारनामों ने मुगल साम्राज्य की नींव हिला दी थी जो कि सदियों से भारत के ऊपर सफलतापूर्वक शासन कर रहे थे।

पुस्तक पाठकों में न केवल वीर शिवाजी के समान वीरता की भावना उत्पन्न करेगी अपितु इसके साथ-साथ अन्याय के विरुद्ध आवाज उठाने और संघर्ष करने की भावना भी जगाएगी।

—प्रकाशक

अनुक्रमणिका

- परिचय ...5
- बचपन एवं शिक्षा ...8
- प्रारंभिक जीवन एवं दुर्ग विजय ...11
- अफजल खाँ से मुकाबला ...15
- मुगलों से टकराव ...18
- पुरंदर संधि ...21
- आगरा प्रसंग ...23
- संधि का उल्लंघन ...25
- छत्रपति का राजतिलक ...27
- अंतिम अभियान ...30
- प्रशासन एवं सैन्य क्षमता ...32
- राजस्व प्रशासन ...36
- राजनीतिक स्थिति ...38
- मुगलों एवं दक्षिणी राज्यों से सम्बन्ध ...40
- व्यक्तित्व एवं चरित्र ...43
- अनन्य गुण ...49
- अनमोल वचन ...53
- जीवन एवं कार्य—एक नजर में ...55

परिचय

छत्रपति शिवाजी वास्तव में किलों के राजा थे। वे एक साहसी योद्धा थे जिन्होंने अपने साहसिक कार्यों, लड़ाइयों और संघर्षों द्वारा अपने शत्रुओं को परास्त किया और मराठा राज्य के शासक बने।

उन्होंने दक्खन में सभी बाधाओं के बावजूद शक्तिशाली मुगलों से संघर्ष करके हिन्दू राज्य की स्थापना की। उन्होंने आम लोगों को प्रेरित एवं एकजुट करके उनमें गर्व एवं राष्ट्रीयता की भावना का संचार किया और मुगल सम्राट औरंगजेब के अत्याचारों का मुकाबला किया। 16 वर्ष की आयु में उन्होंने एक संप्रभु हिन्दू राज्य की स्थापना की प्रतिज्ञा की। वे भारत के सभी शासकों एवं योद्धाओं में अपने अनुकरणीय जीवन के कारण अलग खड़े दिखाई देते हैं और इसीलिए भारत के प्रत्येक वर्ग के लिए सम्मान के पात्र हैं।

उन्होंने एक पूर्ण विनियमित एवं अनुशासित सेना की मदद और एक अच्छी तरह संरचित प्रशासनिक संगठन की मदद से एक सक्षम और प्रगतिशील नागरिक प्रशासन की स्थापना की। युद्ध की लूटमार, धार्मिक स्थलों के विनाश, गुलामी-प्रथा, जबरन धर्मांतरण एवं महिलाओं पर

अत्याचार का उनके शासन में प्रबल विरोध किया गया। शिवाजी धर्म से हिंदू थे किंतु सभी धर्मों का आदर करते थे।

वे एक कुशल योद्धा थे और उन्होंने सैन्य संघर्षों के कई नए तरीके अपनाए। उन्होंने 'शिवसूत्र' अथवा 'गनीमी कवा' (गुरिल्ला युद्ध) की शुरुआत की जिसमें युद्धनीति के विभिन्न कारकों; जैसे—भूगोल, गति, भौंचक्का कर देना एवं सूक्ष्म-केन्द्रित तीखे हमलों द्वारा बड़ी एवं अधिक शक्तिशाली सेनाओं को पराजित करना। उन्होंने अनेक किलों पर राज किया एवं कई समुद्री किलों का निर्माण करवाया। अपने मुट्ठीभर साथियों के छोटे से दल से बढ़ाकर उन्होंने एक लाख सैनिकों की एक विशाल सेना का निर्माण किया जिसने अंततः मुगल साम्राज्य की शक्तिशाली सेना के भी दांत खट्टे कर दिये।

शिवाजी एक कुशल प्रशासक थे जिन्होंने एक ऐसे राज्य की स्थापना की जिसमें कई आधुनिक विचारों को सम्मिलित किया गया, जैसे कि, कैबिनेट (अष्टप्रधान मंडल), विदेश संबंध (दाबिर) एवं आंतरिक अन्वेषण। शिवाजी ने एक प्रभावी नागरिक एवं सैन्य प्रशासन की स्थापना की। उन्होंने एक शक्तिशाली नौसेना भी तैयार की।

उन्होंने कई समुद्री अभियान चलाए और कई किलों की स्थापना की। शिवाजी उन लोगों के बहुत विरुद्ध थे जो भ्रष्ट थे अथवा अपने देश के विरुद्ध कार्य करते थे। वे उन लोगों से घृणा करते थे जो अपनी जन्मभूमि को धोखा देते थे। शिवाजी न्याय के अवतार थे। वे हमेशा गुणवान और मेधावी जनों को प्रोत्साहित करते थे। इससे उन लोगों को उन्नति करने और ऊँचे पद प्राप्त करने में मदद मिली जो गुणवान थे। उनके राज्य में स्वार्थी-षड्यंत्र करने वालों के लिये कोई स्थान नहीं था। इस प्रकार शिवाजी ने अपने जीवन के प्रत्येक क्षेत्र में क्रांति ला दी थी।

शिवाजी को अपनी प्रजा के प्रति उदार व्यवहार के लिये जाना जाता है। वे मानते थे कि राजा और प्रजा के मध्य एक निकट संबंध होना चाहिए। उन्होंने सभी स्थापित एवं सक्षम लोगों को राजनीतिक एवं सैन्य संघर्ष में योगदान देने के लिए प्रोत्साहित किया। उन्हें एक न्यायप्रिय एवं कल्याणकारी शासक के रूप में याद किया जाता है। उन्होंने सैन्य संगठन, किलों की वास्तुकला, समाज एवं राजनीति में क्रांतिकारी परिवर्तन किये।

शिवाजी मध्यकालीन विश्व के प्रथम शासक थे जिन्होंने अपने समय में सामंती-प्रथा के उन्मूलन का क्रांतिकारी विचार अपनाया था जबकि इस विचार को इसके 150 वर्ष पश्चात् फ्रांस की क्रांति के दौरान विश्व से मान्यता प्राप्त हुई।

यह शिवाजी के स्वराज प्राप्त करने की रोमांचक कथा है। शिवाजी ने अपने देश और धर्म की रक्षा हेतु अनेक कठिनाइयों का सामना किया। उन्होंने कभी अपने जीवन की परवाह नहीं की और कई बार मृत्यु का सामना किया। अपनी अंतिम सांस तक वे अपने देश एवं धर्म के लिये कार्य करते रहे। उनकी मृत्यु को प्रायः 300 वर्ष बीत चुके हैं किंतु इस महापुरुष की स्मृति आज भी भारतीयों को प्रेरणा की शक्ति दे रही है।

❏ ❏ ❏

छत्रपति शिवाजी

बचपन एवं शिक्षा

शिवाजी का जन्म 19 फरवरी, 1630 को पुणे जिले के जुनार शहर में शिवनेरी दुर्ग में हुआ। उनकी माता जीजाबाई ने उनका नाम देवी शिवाई के नाम पर शिवाजी रखा जिनसे वे स्वस्थ सन्तान के लिए प्रार्थना करती थीं। शिवाजी के पिताजी शाहजी भोंसले एक मराठा सेनापति थे जो दक्खन सल्तनत के लिए काम करते थे। शिवाजी महाराज की माता जीजाबाई सिंधखेड़ के लाखूजीराव जाधव की पुत्री थीं। शिवाजी के जन्म के समय दक्खन की सत्ता तीन इस्लामिक सल्तनतों बीजापुर, अहमदनगर और गोलकुण्डा में थी। शाहजी प्रायः अपनी निष्ठा निजामशाही आदिलशाह और मुगलों के बीच बदलते रहते थे लेकिन उन्होंने अपनी जागीर हमेशा पुणे ही रखी। उनके साथ उनकी छोटी सेना भी रहती थी।

शिवाजी के पिता शाहजी भोंसले ने शिवाजी के जन्म के उपरान्त ही अपनी पत्नी जीजाबाई को प्रायः त्याग दिया था। उनका बचपन बहुत उपेक्षित रहा और वे बहुत दिनों तक पिता के संरक्षण से वंचित रहे। उनके पिता शूरवीर थे और तुकाबाई मोहिते नामक महिला पर आसक्त थे। जीजाबाई उच्च कुल में उत्पन्न एवं प्रतिभाशाली होते हुए भी

शिवनेरी दुर्ग (पुणे) शिवाजी का जन्मस्थल

तिरस्कृत जीवन जी रही थीं। उनके पिता एक शक्तिशाली और प्रभावशाली सामन्त थे।

अभी शिवाजी छोटे ही थे कि उनके पिता शाहजी ने दूसरा विवाह कर लिया और अपनी दुसरी पत्नी तुकाबाई के साथ कर्नाटक में आदिलशाह की तरफ से सैन्य अभियानों के लिए चले गये। बालक शिवाजी का लालन-पालन उनके स्थानीय संरक्षक दादोजी कोणदेव तथा जीजाबाई के समर्थ गुरु रामदास की देखरेख में हुआ।

शिवाजी अपनी माँ जीजाबाई के प्रति बेहद समर्पित थे जो बहुत ही धार्मिक थीं। धार्मिक वातावरण ने शिवाजी पर बहुत गहरा प्रभाव डाला था जिसकी वजह से शिवाजी ने महान हिन्दू ग्रंथों रामायण और महाभारत की कहानियाँ भी अपनी माता से सुनीं। इन दो ग्रंथों के प्रभाव के कारण वो जीवनपर्यन्त हिंदू महत्वों का बचाव करते रहे।

दादोजी कोणदेव ने शिवाजी को बुनियादी लड़ाई की तकनीकें जैसे, घुड़सवारी, तलवारबाजी और निशानेबाजी का प्रशिक्षण दिया।

माता जीजाबाई तथा गुरु रामदास ने कोरे पुस्तकीय ज्ञान के प्रशिक्षण पर अधिक बल न देकर शिवाजी के मस्तिष्क में यह भावना भर दी थी कि देश, समाज, गौ तथा ब्राह्मणों को मुसलमानों के उत्पीड़न से मुक्त करना उनका परम कर्त्तव्य है। शिवाजी स्थानीय लोगों के बीच रहकर शीघ्र ही उनमें अत्यधिक सर्वप्रिय हो गये। उनके साथ आस-पास के क्षेत्रों

शिवाजी से संबंधित प्रमुख स्मारक व स्थान

छत्रपति शिवाजी मूर्ति, प्रतापगढ़

रायगढ़ दरबार (रायगढ़ किला)

शिवाजी का जन्मस्थान, शिवनेरी

शिवाजी का सिंहासन, रायगढ़

शिवाजी की समाधि, रायगढ़

में भ्रमण करने से उनको स्थानीय दुर्गों और दर्रों की भली प्रकार व्यक्तिगत जानकारी प्राप्त हो गयी।

शिवाजी का विवाह साइबाई निम्बालकर के साथ 14 मई, 1640 में बंगलौर में हुआ था। उनके गुरु और संरक्षक दादोजी कोणदेव की 1647 में मृत्यु हो गई। इसके पश्चात् शिवाजी ने स्वतंत्र रहने का निर्णय लिया।

❑❑❑

प्रारंभिक जीवन एवं दुर्ग विजय

शिवाजी प्रभावशाली कुलीनों के वंशज थे। उस समय भारत पर मुस्लिम शासन था। उत्तरी भारत में मुगलों तथा दक्षिण में बीजापुर और गोलकुंडा में मुस्लिम सुल्तानों का, ये तीनों ही अपनी शक्ति के जोर पर शासन करते थे और प्रजा के प्रति कर्त्तव्य की भावना नहीं रखते थे। शिवाजी की पैतृक जायदाद बीजापुर के सुल्तान द्वारा शासित दक्खन में थी। उन्होंने मुसलमानों द्वारा किए जा रहे दमन और धार्मिक उत्पीड़न को इतना असहनीय पाया कि 16 वर्ष की आयु तक पहुँचते-पहुँचते उन्हें विश्वास हो गया कि हिन्दुओं की मुक्ति के लिए ईश्वर ने उन्हें नियुक्त किया है। उनका यही विश्वास जीवन भर उनका

मार्गदर्शन करता रहा। उनकी माता, जो स्वतंत्र विचारों वाली हिन्दू कुलीन महिला थी, ने बचपन से ही उन्हें दबे-कुचले हिंदुओं

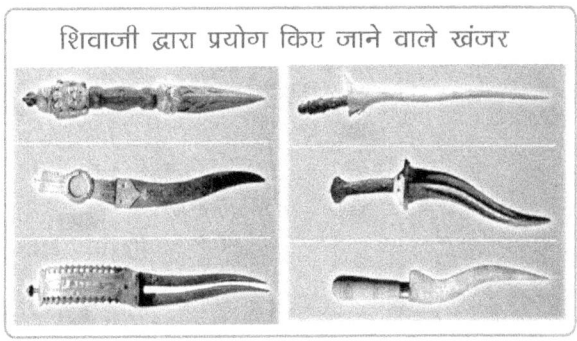

शिवाजी द्वारा प्रयोग किए जाने वाले खंजर

शिवाजी महाराज द्वारा विजयी प्रमुख दुर्ग

रायगढ़ किला, महाराष्ट्र

प्रतापगढ़ किला, महाराष्ट्र

मुरूद-जंजीरा किला, महाराष्ट्र

सिंहगढ़ किला, पुणे (महाराष्ट्र)

तोरण किला, पुणे (महाराष्ट्र)

औरंगाबाद किला, पुणे (महाराष्ट्र)

के अधिकारों के लिए लड़ने और मुस्लिम शासकों को उखाड़ फेंकने की शिक्षा दी थी।

अपने अनुयायियों का दल संगठित कर उन्होंने 1645 में 15 वर्ष की आयु में आदिलशाह की सेना को आक्रमण की सूचना दिए बिना हमला कर तोरणा दुर्ग विजयी कर लिया। फिरंगजी नरसला ने शिवाजी की स्वामिभक्ति स्वीकार कर ली और शिवाजी ने कोंडाना के किले पर भी कब्जा कर लिया। लगभग 1655 में उन्होंने बीजापुर की कमजोर सीमा चौकियों पर कब्जा करना शुरू किया। इसी दौर में उन्होंने सुल्तानों से मिले हुए स्वधर्मियों को भी समाप्त कर दिया। इस तरह उनके साहस व सैन्य निपुणता तथा हिन्दुओं को सताने वालों के प्रति कड़े रूख ने उन्हें आम लोगों के बीच लोकप्रिय बना दिया। उनकी साहसिक गतिविधियाँ बढ़ती गईं और उन्हें सबक सिखाने के लिए आदिलशाह के अनेक सैनिक अभियान असफल सिद्ध हुए।

शिवाजी ने कई दुर्गों पर अधिकार किया जिनमें से एक था सिंहगढ़ दुर्ग, जिसे जीतने के लिए उन्होंने तानाजी को भेजा था। और वे वहाँ विजयी हुए। तानाजी शिवाजी के बहुत विश्वासपात्र सेनापति थे। जिन्होंने सिंहगढ़ की लड़ाई में वीरगति पाई थी। शिवाजी ने तानाजी की मृत्यु पर कहा था–

"गढ़ तो हमने जीत लिया पर सिंह हमें छोड़कर चला गया।"

बीजापुर के सुल्तान की राज्य सीमाओं के अंतर्गत रायगढ़ (1646) में चाकन, सिंहगढ़ और पुरंदर सरीखे दुर्ग भी शीघ्र उनके अधिकारों में आ गये। 1655 तक शिवाजी ने कोंकण में कल्याण और जावली के दुर्ग पर भी अधिकार कर लिया।

शिवाजी की गतिविधियों से क्षुब्ध होकर बीजापुर के सुल्तान ने अपनी सेवा में नियुक्त उनके पिता शाहजी को कैद कर लिया। जब शिवाजी और शाहजी ने उसे आश्वस्त किया कि अब उसके क्षेत्र में और हमले नहीं किये जाएंगे तब उसने शाहजी को मुक्त कर दिया। शाहजी की मृत्यु होने के पश्चात् शिवाजी ने पुनः हमले आरंभ कर दिये।

कुछ तथ्य बताते हैं कि शाहजी को 1649 में इस शर्त पर रिहा कर दिया गया कि शिवाजी और शम्भाजी कोंडना का किला छोड़ दे लेकिन कुछ तथ्य शाहजी को 1653 से 1655 तक कारावास में बताते हैं। शाहजी की रिहाई के बाद वो सार्वजनिक जीवन से सेवामुक्त हो गये और शिकार के दौरान 1654 के आस-पास उनकी मृत्यु हो गयी। पिता की मृत्यु के बाद शिवाजी ने आक्रमण करते हुए 1656 में फिर से पड़ोसी मराठा मुखिया से जावली का साम्राज्य छीन लिया।

❑❑❑

छत्रपति शिवाजी

अफजल खाँ से मुकाबला

शिवाजी ने समुद्र और घाटों के बीच तटीय क्षेत्र कोंकण पर धावा बोलकर उसके बड़े भाग पर अधिकार कर लिया था। स्वाभाविक था कि बीजापुर का सुल्तान उनके विरुद्ध सख्त कार्रवाई करता। उसने 1659 में अफजल खाँ के नेतृत्व में 10,000 सैनिकों की टुकड़ी शिवाजी को पकड़ने के लिए भेजी। उन दिनों छल-कपट और विश्वासघात की नीति अपनाना आम बात थी। शिवाजी और अफजल खाँ दोनों ने ही अनेक अवसरों पर इसका सहारा लिया। शिवाजी की सेना को खुले मैदान में लड़ने का अभ्यास नहीं था, अतः वह अफजल खाँ के साथ युद्ध करने से कतराने लगे। अफजल खाँ ने शिवाजी को निमंत्रण भेजा और वादा किया कि वह उन्हें सुल्तान से माफी दिलवा देगा। किंतु ब्राह्मणदूत कृष्णजी भास्कर ने अफजल खाँ का वास्तविक उद्देश्य शिवाजी को बता दिया। सारी बात

शिवाजी द्वारा प्रयोग की गई बघनख

जानते हुए शिवाजी किसी भी धोखे का सामना करने के लिए तैयार होकर गए और अरक्षित होकर जाने का नाटक किया। गले मिलने के बहाने अफजल खाँ ने शिवाजी का गला दबाने का प्रयास किया किंतु शिवाजी तो तैयार होकर आए थे—उन्होंने अपने छिपाए हुए बघनख से उसका काम तमाम कर दिया।

इसके बाद 10 नवम्बर, 1659 को प्रतापगढ़ का युद्ध हुआ जिसमें शिवाजी की सेना ने बीजापुर सल्तनत की सेना को हरा दिया। चुस्त मराठा पैदल और घुड़सवार सैनिक बीजापुर पर लगातार हमला करने लगे और बीजापुर की घुड़सवार सेना के तैयार होने से पहले ही आक्रमण कर दिया। मराठा सेना ने बीजापुर सेना को पीछे धकेल दिया। बीजापुर सेना के 3000 सैनिक मारे गये और अफजल खाँ के दो पुत्रों को बंदी बना लिया गया। इस बहादुरी से शिवाजी मराठा लोकगीतों में एक वीर और महान नायक बन गये। बड़ी संख्या में जब्त किये गये हथियारों, घोड़ों और दूसरे सैन्य सामानों से मराठा सेना और मजबूत हो गयी। अब मुगल बादशाह औरंगजेब ने शिवाजी को मुगल साम्राज्य के लिए बड़ा खतरा मान लिया था।

इस विजय से मित्र और शत्रु दोनों ही पक्षों में शिवाजी का सम्मान बढ़ गया। दूरदराज़ के इलाकों से जवान उनकी सेना में भर्ती होने के लिए आने लगे। शिवाजी में उनकी अटूट आस्था थी।

प्रतापगढ़ में हुई हानि की भरपाई करने और नवोदय मराठा शक्ति को पराजित के लिए इस बार बीजापुर के नये सेनापति रुस्तमजमाँ के नेतृत्व में शिवाजी के विरुद्ध 10000 सैनिकों को भेजा गया। मराठा सेना के 5000 घुड़सवारों की मदद से शिवाजी ने कोल्हापुर के निकट 28 दिसम्बर, 1659 को धावा बोल दिया। आक्रमण को तेज करते हुए शिवाजी ने

दुश्मन की सेना पर मध्य से प्रहार किया और दो घुड़सवार सेनाओं ने दोनों ओर से हमला कर दिया। कई घंटों तक यह युद्ध चला, अंत में बीजापुर की सेना पराजित हो गयी और सेनापति रुस्तमजमाँ रणभूमि छोड़कर भाग गया। आदिलशाही सेना ने इस युद्ध में 2000 घोड़े और 12 हाथी खो दिए थे।

इस बीच दक्षिण में मराठा शक्ति के इस चमत्कारी उत्थान पर औरंगजेब बराबर दृष्टि जमाए हुए था। पूना और उसके आसपास के क्षेत्रों, जो अहमद नगर राज्य के हिस्से थे और 1636 की संधि के अंतर्गत बीजापुर को सौंप दिए गए थे, को अब मुगल वापस माँगने लगे। पहले तो बीजापुर सुल्तान ने मुगलों की इस बात को मान लिया था कि वह शिवाजी से निपट लेगा और इस पर कुछ सीमा तक अमल भी किया गया किंतु बीजापुर का सुल्तान यह भी नहीं चाहता था कि शिवाजी पूरी तरह समाप्त हो जाएँ क्योंकि तब उसे मुगलों का सीधा सामना करना पड़ता जो कि उसके बूते से बाहर की बात थी।

❑ ❑ ❑

छत्रपति शिवाजी

मुगलों से टकराव

1657 तक शिवाजी ने मुगल साम्राज्य के साथ शांतिपूर्ण संबंध बनाये। उन्होंने बीजापुर पर कब्जा करने में औरंगजेब को सहायता देने का प्रस्ताव दिया और बदले में उन्होंने बीजापुरी किलों और गाँवों को उसके अधिकार में देने की बात कही। शिवाजी का मुगलों से टकराव 1657 में तब शुरू हुआ जब शिवाजी के दो अधिकारियों ने अहमदनगर के करीब मुगल क्षेत्र पर आक्रमण कर दिया। इसके बाद शिवाजी ने जुनार पर आक्रमण कर दिया और 3 लाख सिक्के और 200 घोड़े लेकर चले गये। औरंगजेब ने जवाबी हमले के लिए नसीरी खान को आक्रमण के लिए भेजा जिसने अहमदनगर में शिवाजी की सेना को हराया था। लेकिन औरंगजेब का शिवाजी के खिलाफ यह युद्ध वर्षा के मौसम और शाहजहाँ की तबियत खराब होने की वजह से बाधित हो गया।

1660 में आदिलशाह ने अपने नये सेनापति सिद्दी जौहर के मुगलों के साथ गठबंधन कर हमले की तैयारी की। उस समय शिवाजी की सेना ने पन्हाला (वर्तमान कोल्हापुर) में डेरा डाला हुआ था। सिद्दी जौहर की सेना ने किले से आपूर्ति मार्गों को बंद करते हुए शिवाजी की सेना को घेर लिया। पन्हाला में बमबारी के दौरान सिद्दी जौहर ने अपनी युद्ध क्षमता बढ़ाने के लिए अंग्रेजों से हथगोले खरीद लिए थे और साथ ही बमबारी करने के लिए कुछ अंग्रेज तोपची भी नियुक्त किये थे।

घेराबंदी के बाद आदिलशाह स्वयं किले में हमला करने आया और उसने चार महीनों तक घेराबंदी के बाद किले पर कब्जा कर लिया। किंतु शिवाजी रात के अँधेरे में पन्हला से निकल गए और दुश्मन सेना उनका पीछा करती रही।

मराठा सरदार बंदल देशमुख के बाजी प्रभु देशपांडे अपने 300 सैनिकों के साथ वीरता से शत्रु सेना को रोकने के लिए लड़े और एक छोटी सेना ने शिवाजी को सुरक्षित विशालगढ़ के किले तक पहुँचा दिया। पवन खिंड के युद्ध में छोटी मराठा सेना ने शत्रु सेना को रोककर शिवाजी को बच निकलने का अवसर दिया। बाजी प्रभु देशपांडे इस युद्ध में घायल होने के बावजूद तब तक लड़ते रहे जब तक कि विशालगढ़ से उनको तोप की आवाज सुनाई नहीं आ गयी। तोप की आवाज इस बात का संकेत थी कि शिवाजी सुरक्षित किले तक पहुँच गये हैं।

उम्भेरखिंड के युद्ध में शिवाजी की सेना ने पैदल सेना और घुड़सवार सेना के साथ उम्भेरखिंड के घने जंगलों में घात लगाकर हमला किया।

1663 में बीजापुर की बड़ी बेगम के आग्रह पर औरंगजेब ने अपने मामा शाइस्ता खाँ को 1,50,000 सैनिकों के साथ शिवाजी से युद्ध के लिए भेजा। शाइस्ता खाँ ने एक उजबेक सेनापति करतलब खान को आक्रमण के लिए भेजा। 30000 मुगल सैनिकों के साथ वो पुणे के लिए रवाना हुए और प्रदेश के पीछे से मराठों पर अप्रत्याशित हमला करने की योजना बनाई। इस सेना ने पुणे और चाकन के किले पर कब्जा कर आक्रमण कर दिया और एक महीने तक घेराबंदी की। शाइस्ता खाँ ने अपनी विशाल सेना का उपयोग करते हुए मराठा प्रदेशों और शिवाजी के निवास स्थान लाल महल पर आक्रमण करके पुणे पर कब्जा कर लिया।

15 अप्रैल, 1663 को शिवाजी और उनके 200 साथियों ने एक विवाह की आड़ में पुणे में घुसपैठ कर दी। महल के पहरेदारों को हराकर, दीवार पर चढ़कर वे शाइस्ता खाँ के निवास स्थान तक पहुँच गये और वहाँ जो भी मिला उसको मार दिया। शाइस्ता खाँ की शिवाजी से हाथापाई में उसने अपना अँगूठा गँवा दिया और बचकर भाग गया। इस घुसपैठ में उसका एक पुत्र और परिवार के अन्य सदस्य मारे गये। शाइस्ता खाँ ने पुणे से बाहर मुगल सेना के पास शरण ली और औरंगजेब ने शर्मिंदगी के कारण सजा के रूप में उसको बंगाल भेज दिया।

शाइस्ता खाँ के आक्रमणों का प्रतिशोध लेने और रिक्त राजकोष को भरने के लिए 1664 में शिवाजी ने मुगलों के व्यापार केन्द्र सूरत को लूट लिया।

छत्रपति शिवाजी
पुरंदर संधि

शिवाजी की चुनौती की अनदेखी न करते हुए औरंगजेब ने अपने सबसे प्रभावशाली सेनापति मिर्जा राजा जयसिंह के नेतृत्व में लगभग 1,00,000 सैनिकों की फौज भेजी। इतनी बड़ी सेना और जयसिंह की हिम्मत और दृढ़ता ने शिवाजी को शांति समझौते पर मजबूर कर दिया।

शिवाजी को कुचलने के लिए राजा जयसिंह ने बीजापुर के सुल्तान के किले को अधिकार में करने की अपनी योजना के प्रथम चरण में 24 अप्रैल, 1665 को 'ब्रजगढ़' के किले पर अधिकार कर लिया। पुरन्दर के किले की रक्षा करते हुए शिवाजी का अत्यन्त वीर सेनानायक 'मुरार जी बाजी' मारा गया। पुरन्दर के किले को बचा पाने में अपने को असमर्थ जानकर शिवाजी ने राजा जयसिंह से संधि की पेशकश की। दोनों नेता संधि की शर्तों पर सहमत हो गये और 22 जून, 1665 को 'पुरन्दर की सन्धि' सम्पन्न हुई।

इतिहास प्रसिद्ध इस सन्धि की प्रमुख शर्तें निम्नलिखित थीं–

1. शिवाजी को मुगलों को अपने 23 किले, जिनकी आमदनी 4 लाख हूण प्रति वर्ष थी, देने थे।
2. सामान्य आय वाले, लगभग एक लाख हूण वार्षिक की आमदनी वाले, 12 किले शिवाजी को अपने पास रखने थे।

3. शिवाजी ने मुगल सम्राट औरंगजेब की सेवा में अपने पुत्र शम्भाजी को भेजने की बात मान ली एवं मुगल दरबार ने शम्भाजी को 5000 का मनसब एवं उचित जागीर देना स्वीकार किया।
4. मुगल सेना के द्वारा बीजापुर पर सैन्य अभियान के दौरान बालाघाट की जागीरें प्राप्त होतीं, जिसके लिए शिवाजी को मुगल दरबार को 40 लाख हूण देना था।

राजा जयसिंह ने शिवाजी को आगरा आकर औरंगजेब से मिलने का आमंत्रण दिया। यह संधि राजा जयसिंह की व्यक्तिगत विजय थी। वह न केवल शक्तिशाली शत्रु पर काबू पाने में सफल रहा था अपितु उसने बीजापुर राज्य के विरुद्ध उसका सहयोग भी प्राप्त कर लिया था। किंतु इस संधि का परिणाम अच्छा नहीं निकला।

❑❑❑

छत्रपति शिवाजी

आगरा प्रसंग

अपनी सुरक्षा का पूर्ण आश्वासन प्राप्त कर शिवाजी आगरा के दरबार में औरंगजेब से मिलने के लिए तैयार हो गए। वह 9 मई, 1666 को अपने पुत्र शम्भाजी के साथ मुगल दरबार में उपस्थित हुए। आगरा दरबार में शिवाजी को पाँच हजारी मनसबदारों की श्रेणी में रखा गया। यह ओहदा उनके नाबालिग पुत्र को पहले ही प्रदान कर दिया गया था। इसे शिवाजी ने अपना अपमान समझा। औरंगजेब का जन्मदिन मनाया जा रहा था और उसके पास शिवाजी से बात करने की फुर्सत ही नहीं थी। अपमानित होकर शिवाजी दरबार से चले गए और उन्होंने शाही नौकरी अस्वीकार कर दी। तुरंत मुगल अदब के खिलाफ कार्य करने के लिए उन्हें गिरफ्तार कर लिया गया। दरबारियों का गुट उन्हें दंड दिए जाने के पक्ष में था किंतु राजा जयसिंह ने बादशाह औरंगजेब से प्रार्थना की कि वे मामले में नरमी बरतें।

अंततः शिवाजी को उनके पुत्र शम्भाजी सहित आगरा के किले में नजरबंद कर दिया गया।

शिवाजी हारे नहीं और अपनी बीमारी का बहाना बनाया। उन्होंने मिठाई के बड़े-बड़े टोकरे गरीबों में बाँटने के लिए भिजवाने शुरू किए। 17 अगस्त, 1666 को वे अपने पुत्र के साथ टोकरे में बैठकर पहरेदारों के सामने से छिप कर निकल गए और 22 सितम्बर, 1666 को रायगढ़ पहुँचे। कुछ दिन बाद शिवाजी ने मुगल सम्राट औरंगजेब को पत्र

लिखकर कहा कि "यदि सम्राट उनको क्षमा कर दें तो वे अपने पुत्र शम्भाजी को पुनः मुगल सेवा में भेज सकते हैं।" औरंगजेब ने शिवाजी की इन शर्तों को स्वीकार कर उन्हें 'राजा' की उपाधि प्रदान की। राजा जसवंत सिंह की मध्यस्थता से 9 मार्च, 1668 को पुनः शिवाजी और मुगलों के बीच सन्धि हुई। इस संधि के बाद औरंगजेब ने शिवाजी को बरार की जागीर दी तथा उनके पुत्र शम्भाजी को पुनः उसका मनसब 5000 प्रदान कर दिया।

शिवाजी का आगरा में औरंगजेब की कैद से बच निकलना, जो शायद उनके जीवन का सबसे रोमांचक कारनामा था, भारतीय इतिहास की दिशा बदलने में निर्णायक साबित हुआ। उनके अनुगामियों ने उनका अपने नेता के रूप में स्वागत किया और दो वर्ष के समय में उन्होंने न सिर्फ अपना पुराना क्षेत्र हासिल कर लिया, बल्कि उसका विस्तार भी किया। वे मुगल जिलों से धन वसूलते थे और उनकी समृद्ध मंडियों को भी लूटते थे। उन्होंने अपनी सेना का पुनर्गठन किया और प्रजा की भलाई के लिए अपेक्षित सुधार किए।

अब तक भारत में पाँव जमा चुके पुर्तगाली और अंग्रेज व्यापारियों से सीख लेकर उन्होंने नौसेना का गठन शुरू किया। इस प्रकार आधुनिक भारत में वे पहले शासक थे, जिन्होंने व्यापार और सुरक्षा के लिए नौसेना की आवश्यकता के महत्व को स्वीकार किया।

शिवाजी के उत्कर्ष से क्षुब्ध होकर औरंगजेब ने हिन्दुओं पर अत्याचार करना शुरू कर दिया, उन पर कर लगाए, जबरदस्ती धर्म परिवर्तन करवाए और मंदिरों को गिरा कर उनकी जगहों पर मस्जिदें बनवाईं।

❑❑❑

छत्रपति शिवाजी

संधि का उल्लंघन

1667-1669 के बीच के तीन वर्षों का उपयोग शिवाजी ने अपने विजित प्रदेशों को सुदृढ़ करने और प्रशासन के कार्यों में बिताया। 1670 में उन्होंने 'पुरन्दर की संधि' का उल्लंघन करते हुए मुगलों को दिये गये 23 किलों में से अधिकांश को पुनः जीत लिया। तानाजी मालसुरे द्वारा जीता गया 'कोंडाना', जिसका फरवरी, 1670 में शिवाजी ने नाम बदलकर 'सिंहगढ़' रख दिया था, सर्वाधिक महत्वपूर्ण किला था।

13 अक्टूबर, 1670 को शिवाजी ने सूरत पर आक्रमण कर दूसरी बार इस बन्दरगाह नगर को लूटा। शिवाजी ने अपनी इस महत्वपूर्ण सफलता के बाद दक्षिण की मुगल रियासतों से ही नहीं, बल्कि उनके अधीन राज्यों से भी 'चौथ' एवं 'सरदेशमुखी' लेना आरम्भ कर दिया। 15 फरवरी, 1671 को 'सलेहर दुर्ग' पर भी शिवाजी ने कब्जा कर लिया।

शिवाजी के विजय अभियान को रोकने के लिए औरंगजेब ने महावत खाँ एवं बहादुर खाँ को भेजा। इन दोनों की असफलता के बाद औरंगजेब ने बहादुर खाँ एवं दिलेर खाँ को भेजा, इस तरह 1670-1674 के मध्य हुए सभी मुगल आक्रमणों में शिवाजी को ही सफलता मिली और उन्होंने सलेहर, मुलेहर, जवाहर एवं रामनगर आदि किलों पर अधिकार कर लिया। 1672 में शिवाजी ने पन्हाला दुर्ग को बीजापुर से छीन लिया। उन्होंने पाली और सतारा के दुर्गों को भी जीत लिया।

1674 में शिवाजी ने मराठा सेना के सेनापति प्रतापराव गुर्जर को आदिलशाही सेनापति बहलोल खान की सेना पर आक्रमण के लिए भेजा। किंतु प्रतापराव की सेना पराजित हो गयी और उसे बंदी बना लिया गया। तब शिवाजी ने बहलोल खान को प्रतापराव को रिहा करने को कहा। बहलोल खान ने बात मानने से इंकार कर दिया।

अगले कुछ दिनों में शिवाजी को पता चला कि बहलोल खान की 15000 लोगों की सेना कोल्हापुर के निकट नेसारी में रुकी है। प्रतापराव और उसके छः सरदारों ने आत्मघाती हमला कर दिया ताकि शिवाजी की सेना को समय मिल सके। मराठों ने प्रतापराव की मौत का बदला लेते हुए बहलोल खान को हरा दिया और उनसे अपनी जागीर छीन ली।

शिवाजी प्रतापराव की मौत से बहुत दुखी हुए और उन्होंने अपने दूसरे पुत्र का विवाह प्रतापराव की बेटी से कर दिया।

❑❑❑

छत्रपति शिवाजी

छत्रपति का राजतिलक

शिवाजी ने अब अपने सैन्य अभियानों से काफी जमीन और धन अर्जित कर लिया लेकिन उन्हें अभी तक कोई औपचारिक खिताब नहीं मिला था। एक राजा का खिताब ही उनको आगे मिलने वाली चुनौती को रोक सकता था। शिवाजी को रायगढ़ में मराठों के राजा का खिताब दिया गया। पंडितों ने सात नदियों के पवित्र जल से उनका राज्याभिषेक किया।

रायगढ़ में ज्येष्ठ शुक्ल त्रयोदशी तदनुसार 6 जून, 1674 को हुआ छत्रपति शिवाजी महाराज का राज्याभिषेक हिंदू इतिहास की सबसे गौरवशाली गाथाओं में से एक है। सैकड़ों वर्ष विदेशियों के गुलाम रहने के पश्चात हिंदुओं को संभवतः महान विजयनगर साम्राज्य के बाद पहली बार अपना राज्य मिला था। उस दिन, शिवाजी का राज्याभिषेक काशी के विद्वान महापंडित तथा वेद-पुराण-उपनिषदों के ज्ञाता पंडित गंगा भट्ट द्वारा किया गया। शिवाजी के क्षत्रिय वंश से संबंधित न होने के कारण उस समय के अधिकतर ब्राह्मण उनका राजतिलक करने में हिचकिचा रहे थे। पंडित गंगा भट्ट ने शिवाजी की वंशावली के विस्तृत अध्ययन के बाद यह सिद्ध किया के उनका भोंसले वंश मूलतः मेवाड़ के वीर श्रेष्ठ सिसोदिया राजवंश की ही एक शाखा है। यह माना जाता है कि मेवाड़ के सिसोदिया क्षत्रिय कुल परंपरा के शुद्धतम कुलों में से थे।

उन दिनों राज्याभिषेक से संबंधित कोई भी अबाध परंपरा देश के किसी हिस्से में विद्यमान नहीं थी, अतः विद्धानों के एक समूह ने उस समय के संस्कृत ग्रंथों तथा स्मृतियों का गहन अध्ययन किया ताकि राज्याभिषेक का सर्वोचित तरीका प्रयोग में लाया जा सके। इसी के साथ-साथ भारत के दो सबसे प्राचीन राजपूत घरानों मेवाड़ और आम्बेर से भी जानकारियां जुटाई गई ताकि उत्तम रीति से राजतिलक किया जा सके।

प्रातः काल सर्वप्रथम शिवाजी महाराज ने प्रमुख मंदिरों में दर्शन-पूजन किया। उन्होंने तिलक से पूर्व लगातार कई दिनों तक माँ तुलजा भवानी और महादेव की पूजा-अर्चना की।

6 जून, 1674 को रायगढ़ के किले में मुख्य समारोह का आयोजन किया गया। उनके सिंहासन के दोनों ओर रत्न-जड़ित तख्तों पर राजसी वैभव तथा हिंदू शौर्य के प्रतीक स्वरूप स्वर्णमंडित हाथी तथा घोड़े रखे हुए थे। बायीं ओर न्यायादेवी की सुन्दर मूर्ति विराजमान थी।

जैसे ही शिवाजी महाराज ने आसन ग्रहण किया, उपस्थित संतो-महंतों ने ऊँचे स्वर में वेदमंत्रों का उच्चारण प्रारंभ कर दिया तथा शिवाजी ने भी उन सब विभूतियों को प्रणाम किया। सभामंडप शिवाजी महाराज की जय के नारों से गुंजायमान हो रहा था। वातावरण में मधुर संगीत की लहरियाँ गूँज उठी तथा सेना ने उनके सम्मान में तोपों से सलामी दी। वहाँ उपस्थित पंडित गंगा भट्ट सिंहासन की ओर बढ़े तथा उन्होंने शिवाजी के सिंहासन के ऊपर रत्न-माणिक्य जड़ित छत्र लगाकर उन्हें 'राजा शिव छत्रपति' की उपाधि से सुशोभित किया।

इस महान घटना का भारत के इतिहास में एक अभूतपूर्व स्थान है। उन दिनों, इस प्रकार के सभी आयोजनों से पूर्व मुगल बादशाहों से

अनुमति ली जाती थी परन्तु शिवाजी महाराज ने इस समारोह का आयोजन मुगल साम्राज्य को चुनौती देते हुए किया। उनके द्वारा धारण की गयी 'छत्रपति' की उपाधि इस चुनौती का प्रतीक थी। वे अब अपनी प्रजा के हितरक्षक के रूप में अधिक सक्षम थे तथा उनके द्वारा किए गए सभी समझौते तथा संधियाँ भी अब पूर्व की तुलना में अधिक विश्वसनीय और संप्रभुता संपन्न थे।

शिवाजी महाराज द्वारा स्वतंत्र राज्य की स्थापना तथा संप्रभु शासक के रूप में उनके राज्याभिषेक ने मुगलों तथा अन्य बर्बर विधर्मी शासकों द्वारा शताब्दियों से पीड़ित, शोषित, अपमानित प्रत्येक हिंदू का हृदय गर्व से भर दिया।

अभिषेक के बाद शिवाजी ने माता जीजाबाई से आशीर्वाद लिया। उस समारोह में रायगढ़ के लगभग 5000 लोग एकत्र हुए थे। शिवाजी को छत्रपति का खिताब भी यहीं दिया गया। राज्याभिषेक के कुछ दिनों बाद 18 जून, 1674 को दुर्भाग्यवश जीजाबाई की मृत्यु हो गयी। इसे अपशकुन मानते हुए 24 सितम्बर, 1674 को पुनः राज्याभिषेक किया गया।

अपने आठ मंत्रियों की परिषद के जरिये उन्होंने छह वर्ष तक शासन किया। वे एक धर्मनिष्ठ हिन्दू थे जो अपनी धर्मरक्षक भूमिका पर गर्व करते थे।

❑❑❑

अंतिम अभियान

1674 की शुरुआत में मराठों ने एक आक्रामक अभियान चलाकर खानदेश पर आक्रमण कर बीजापुरी पोंडा, कारवाड़ और कोल्हापुर पर कब्जा कर लिया। इसके बाद शिवाजी ने दक्षिण भारत में विशाल सेना भेजकर आदिलशाही किलों को जीता। शिवाजी ने अपने सौतेले भाई वेंकोजी से सामजंस्य करना चाहा लेकिन असफल रहे इसलिए रायगढ़ से लौटते वक्त उसको हरा दिया और मैसूर के अधिकतर हिस्सों पर कब्जा कर लिया।

राज्याभिषेक के बाद शिवाजी का अंतिम महत्त्वपूर्ण अभियान 'कर्नाटक का अभियान' (1676) था। गोलकुण्डा के 'मदन्ना' एवं 'अकन्ना' के सहयोग से शिवाजी ने बीजापुर और कर्नाटक पर आक्रमण करना चाहा, परन्तु आक्रमण के पूर्व ही शिवाजी एवं कुतुबशाह के बीच संधि सम्पन्न हुई, जिसकी शर्तें इस प्रकार थीं–

1. कुतुबशाह ने शिवाजी को प्रति वर्ष एक लाख हूण देना स्वीकार किया।
2. दोनों ने कर्नाटक की सम्पत्ति को आपस में बांटने पर सहमति जताई।

शिवाजी ने जिंजी एवं वेल्लोर जैसे महत्वपूर्ण क्षेत्रों पर कब्जा कर लिया। जिंजी को उन्होंने अपने राज्य की राजधानी बनाया। शिवाजी का संघर्ष जंजीरा टापू के अधिपति अबीसीनियाई सिद्दिकियों से भी हुआ।

सिद्दिकियों पर अधिकार करने के लिए उन्होंने नौसेना का भी गठन किया था, परन्तु वे पुर्तगालियों से गोवा तथा सिद्दिकियों से चैल और जंजीरा नहीं छिन सके। सिद्दिकी पहले अहमदनगर के अधिपत्य को मानते थे, परन्तु 1638 के बाद वे बीजापुर की अधीनता में आ गए। शिवाजी के लिए जंजीरा को जीतना अपने कोंकण प्रदेश की रक्षा के लिए आवश्यक था। 1669 में उन्होंने दरिया सारंग के नेतृत्व में अपने नौसेना बेड़े को जंजीरा पर आक्रमण करने के लिए भेजा।

कुशल एवं वीर शासक छत्रपति शिवाजी का अंतिम समय बड़े कष्ट एवं मानसिक वेदना में व्यतीत हुआ। घरेलू उलझनें एवं समस्यायें उनके दुःख का मुख्य कारण थीं। बड़े पुत्र शम्भाजी के व्यवहार से वे अत्यधिक चिन्तित थे। तेज ज्वर के प्रकोप से 2 अप्रैल, 1680 को 52 वर्ष की आयु में उनका देहावसान हो गया।

शिवाजी की मृत्यु के बाद उनकी चौथी पत्नी सोयराबाई ने उनके छोटे पुत्र राजाराम को सिंहासन पर बैठाने की योजना बनाई। वयस्क शम्भाजी महाराज की बजाय 10 साल के राजाराम को सिंहासन पर बैठाया गया। हालांकि शम्भाजी ने इसके बाद सेनापति को मारकर रायगढ़ किले पर अधिकार कर लिया और स्वयं सिंहासन पर बैठ गए।

शम्भाजी महाराज इसके बाद वीर योद्धा की तरह कई वर्षों तक मराठों के लिए लड़े। शिवाजी की मृत्यु के बाद 27 वर्ष तक मराठों का मुगलों से युद्ध चला और अंत में उन्होंने मुगलों को हरा दिया। इसके अनेक वर्षों बाद अंग्रेजों ने अपनी 'फूट डालो शासन करो' की नीति से मराठा साम्राज्य को समाप्त कर दिया था।

❏ ❏ ❏

छत्रपति शिवाजी

प्रशासन एवं सैन्य क्षमता

सेनानायक के रूप में शिवाजी की महानता निर्विवाद रही है। शिवाजी की प्रशासनिक व्यवस्था काफी हद तक दक्षिणी राज्यों और मुगलों की प्रशासनिक व्यवस्था से प्रभावित थी। शिवाजी की मृत्यु के समय उनका पुर्तगालियों के अधिकार क्षेत्र के अतिरिक्त लगभग समस्त (मराठा) देश में फैला हुआ था। पुर्तगालियों का आधिपत्य उत्तर में रामनगर में बंबई जिले में गंगावती नदी के तट पर कारवाड़ तक था। शिवाजी के राज्य की पूर्वी सीमा उत्तर में बगलाना को छूती थी और दक्षिण की ओर नासिक एवं पूना जिलों के बीच से होती हुई एक अनिश्चित सीमारेखा के साथ समस्त सतारा और कोल्हापुर के जिले के अधिकांश भाग को अपने में समेट लेती थी। इस सीमा के भीतर आने वाले क्षेत्र को ही मुरी अभिलेखों में शिवाजी का 'स्वराज' कहा गया है। पश्चिमी कर्नाटक के क्षेत्र कुछ समय बाद इसमें सम्मिलित हुए।

स्वराज का यह क्षेत्र तीन मुख्य भागों में विभाजित था और प्रत्येक भाग की देखभाल के लिए एक व्यक्ति को नियुक्त किया गया था—

- पूना से लेकर सल्हर तक का क्षेत्र, कोंकण का क्षेत्र, जिसमें उत्तरी कोंकण भी सम्मिलित था, पेशवा मोरोपंत पिंगले के नियंत्रण में था।
- उत्तरी कनारा तक दक्षिणी कोंकण का क्षेत्र अन्नाजी दत्तों के अधीन था।

- दक्षिणी देश के जिले, जिनमें सतारा से लेकर धारवाड़ और कोफाल का क्षेत्र था, दक्षिणी पूर्वी क्षेत्र के अंतर्गत आते थे और दत्ताजी पंत के नियंत्रण में थे। इन तीन सूबों को पुनः परगनों और तालुकों में विभाजित किया गया था। परगनों के अंतर्गत 'तरफ' और 'मौजे' आते थे। बाद में जीते गए आषनी, जिन्जी, वेल्लोर, अन्सी एवं अन्य जिले, जिन्हें समयाभाव के कारण प्रशासनिक व्यवस्था के अंतर्गत नहीं लाया जा सका था, अधिग्रहण सेना की देखरेख में थे।

केन्द्र में आठ मंत्रियों की परिषद् होती थी जिसे अष्ट प्रधान कहते थे। शिवाजी अपने प्रशासन की बागडोर अपने ही हाथों में रखते थे। अष्ट प्रधान केवल उनके सचिवों के रूप में कार्य करते थे; वे न तो आगे बढ़कर कोई कार्य कर सकते थे और न ही नीति निर्धारण कर सकते थे। उनका कार्य शुद्ध रूप से सलाहकार का था। सामान्यतः उनका कार्य शिवाजी के निर्देशों का पालन करना और उनके अपने विभागों की निगरानी करना मात्र होता था। पेशवा का कार्य लोक हित का ध्यान रखना था। पंत आमात्य, आय-व्यय की लेखा परीक्षा करता था। मंत्री या वकनीस या विवरणकार राजा का रोजनामचा रखता था। सुमंत या विदेश सचिव विदेशी मामलों की देखरेख करता था। पंत सचिव पर राजा के पत्राचार का दायित्व था। पंडितराव, विद्वानों और धार्मिक कार्यों के लिए दिए जाने वाले अनुदानों का दायित्व संभालना था। सेनापति एवं न्यायाधीश क्रमशः सेना एवं न्याय विभाग के कार्यों को देखते थे।

शिवाजी ने अपनी एक स्थायी सेना बनाई थी और वर्षाकाल के दौरान सैनिकों को वहाँ रहने का स्थान भी उपलब्ध करवाया जाता था। शिवाजी की मृत्यु के समय उनकी सेना में 30-40 हजार नियमित और

स्थायी रूप से नियुक्त घुड़सवार, एक लाख पैदल सैनिक और 1260 हाथी थे। उनके तोपखानों के संबंध में ठीक-ठीक जानकारी उपलब्ध नहीं है किंतु इतना ज्ञात है कि उन्होंने सूरत एवं अन्य स्थानों पर आक्रमण करते समय तोपखाने का प्रयोग किया था। नागरिक प्रशासन की भाँति ही सैन्य-प्रशासन में भी समुचित संस्तर बने हुए थे। घुड़सवार सेना दो श्रेणियों में विभाजित थी–

- वारगीर वे घुड़सवार सैनिक थे जिन्हें राज्य की ओर से घोड़े और शस्त्र दिए जाते थे।
- सिलहदार वे सैनिक थे जिन्हें यह व्यवस्था स्वयं करनी पड़ती थी।

शिवाजी की स्मृति में जारी डाक टिकट एवं प्रथम दिवस आवरण

घुड़सवार सेना की सबसे छोटी इकाई में 25 जवान होते थे, जिनके ऊपर एक हवलदार होता था। पाँच हवलदारों का एक जुमला होता था। दस जुमलादारों की एक हजारी होती थी और पाँच हजारियों के ऊपर एक पंचहजारी होता था। वह सरनोवत के अंतर्गत आता था। प्रत्येक 25 टुकड़ियों के लिए राज्य की ओर से एक नाविक और भिश्ती दिया जाता था।

मराठा सैन्य व्यवस्था के विशिष्ट लक्षण थे— दुर्ग। विवरणकारों के अनुसार, शिवाजी के पास 250 किले थे। जिनकी मरम्मत पर वे बड़ी रकम खर्च करते थे। प्रत्येक किले को तिहरे नियंत्रण में रखा जाता था जिसमें एक ब्राह्मण, एक मुरा और एक कुनढ़ी होता था। ब्राह्मण नागरिक और राजस्व प्रशासन देखता था, शेष दो सैन्य संचालन और रसद के कार्यों को देखते थे।

यह आम धारणा है कि शिवाजी के सैनिकों को वेतन नकद दिया जाता था किंतु उस समय की परिस्थितियों और क्षेत्र की सामान्य स्थिति को देखते हुए यह व्यवस्था भी एक आदर्श थी जिसे शिवाजी साकार करना चाहते थे। सिपाहियों, हवलदारों, इत्यादि को वेतन या तो खजाने से दिया जाता था या ग्रामीण क्षेत्रों की बारत (आज्ञा) द्वारा, जिनका भुगतान कारकून करते थे। किंतु निश्चित रकम के लिए भूमि या गाँव देने की पहले से चली आ रही प्रथा को भी पूर्णतः समाप्त नहीं किया गया था।

❑❑❑

छत्रपति शिवाजी

राजस्व प्रशासन

शिवाजी ने भू-राजस्व एवं प्रशासन के क्षेत्र में अनेक कदम उठाए। इस क्षेत्र की व्यवस्था पहले बहुत अच्छी नहीं थीं क्योंकि यह पहले कभी किसी राज्य का अभिन्न अंग रहा था। बीजापुर के सुल्तान, मुगल और यहाँ तक कि स्वयं मराठा सरदार भी अतिरिक्त उत्पादन को एक साथ ही लेते थे जो इजारेदारी या राजस्व कृषि की कुख्यात प्रथा जैसी ही व्यवस्था थी। मलिक अम्बर की राजस्व व्यवस्था में शिवाजी को आदर्श व्यवस्था दिखाई दी किंतु उन्होंने उसका अंधानुकरण नहीं किया। मलिक अम्बर तो माप की इकाइयों का मानकीकरण करने में असफल रहा था किंतु शिवाजी ने एक सही मानक इकाई स्थिर कर दी थी। उन्होंने रस्सी के माप के स्थान पर काठी और मानक छड़ी का प्रयोग आरंभ करवाया। बीस छड़ियों का एक बीघा होता है और 120 बीघे का एक चावर होता था।

शिवाजी के निर्देशानुसार सन् 1679 में अन्नाजी दत्तों ने एक विस्तृत भू-सर्वेक्षण करवाया जिसके परिणामस्वरूप एक नया राजस्व निर्धारण हुआ। कुल उपज का 33% राजस्व के रूप में लिया जाता था जिसे बाद में बढ़ाकर 40% कर दिया गया था। राजस्व नकद या वस्तु के रूप में चुकाया जा सकता था। कृषकों को नियमित रूप से बीज और पशु खरीदने के लिए ऋण दिया जाता था जिसे दो या चार वार्षिक किश्तों में वसूल किया जाता था। अकाल या फसल खराब होने की स्थिति में

उदारतापूर्वक अनुदान एवं सहायता प्रदान की जाती थी। नए इलाके बसाने को प्रोत्साहन देने के लिए किसानों को लगानमुक्त भूमि प्रदान की जाती थी।

यद्यपि निश्चित रूप से यह कहना कठिन है कि शिवाजी ने जमींदारी प्रथा को समाप्त कर दिया था। फिर भी उनके द्वारा भूमि एवं उपज के सर्वेक्षण और भूस्वामी बिचौलियों की स्वतंत्र गतिविधियों पर नियंत्रण लगाए जाने से ऐसी संभावना के संकेत मिलते हैं। उन्होंने बार-बार किए जाने वाले भू-हस्तांतरण पर प्रतिबंध लगाने का प्रयास भी किया, यद्यपि इसे पूरी तरह समाप्त करना संभव नहीं था। इस सबको देखते हुए कहा जा सकता है कि इस नई व्यवस्था से किसान प्रसन्न रहे होंगे और उन्होंने इसका स्वागत किया होगा क्योंकि बीजापुरी सुल्तानों के अत्याचारी मराठा देशमुखों की व्यवस्था की तुलना में यह व्यवस्था बहुत अच्छी थी। शिवाजी के शासन काल में राज्य के दो और स्रोत थे–सरदेशमुखी और चौथ। शिवाजी का कहना था कि देश के लोगों के हितों की रक्षा करने के बदले उन्हें सरदेशमुखी लेने का अधिकार है।

शिवाजी द्वारा जारी राजमुद्रा

❑❑❑

छत्रपति शिवाजी

राजनीतिक स्थिति

शिवाजी के समय में दक्षिण की तत्कालीन राजनीतिक स्थिति भी एक सशक्त मराठा आंदोलन के उदय में सहायक हुई। अहमद नगर राज्य के बिखराव के पश्चात् दक्षिण में मुगल साम्राज्य के विस्तार की धीमी गति ने महत्त्वाकांक्षी सैन्य अभियानों को प्रोत्साहित किया। दक्षिणी सल्तनतों एवं मुगलों, दोनों ही पक्षों की ओर से वे सफलतापूर्वक युद्ध कर चुके थे। उनके पास आवश्यक सैन्य शक्ति और अनुभव तो था ही, जब समय आया तो उन्होंने इसका उपयोग मराठा राज्य की स्थापना के लिए किया।

शिवाजी ने दृढ़ निश्चय कर लिया था कि वे किसी भी नागरिक या सैन्य प्रमुख को जागीरें नहीं देंगे। भारत में केंद्र विमुख एवं बिखराव की प्रवृत्तियाँ सदा ही बलवान रही हैं, और जागीर देने की प्रथा, जागीरदारों को भू-कर से प्राप्त धन द्वारा अलग से अपनी सेना रखने की अनुमति देने से यह प्रवृत्ति इतनी प्रबल हो जाती है कि सुव्यवस्थित शासन लगभग असंभव हो जाता है—अपने शासन काल में शिवाजी ने केवल मंदिरों को एवं दान धर्म की दिशा में ही भूमि प्रदान की थी।

शिवाजी किसानों को अपनी ओर इसीलिए कर सके कि उन्होंने जमीदारी और जागीरदारी प्रथा को बंद किया और राजस्व प्रशासन के माध्यम से किसानों के साथ सीधा संबंध स्थापित किया।

शिवाजी ने देसाइयों के दुर्गों और सुदृढ़ जमाव को नष्ट किया और जहाँ कहीं मजबूत किले थे वहाँ अपनी दुर्ग-सेना रखी। उन्होंने मिरासदारों द्वारा मनमाने ढंग से वसूल किए जाने वाले उपहारों या हजारे को बंद करवाया और नकद एवं अनाज के रूप में गाँवों से जमींदारों का हिस्सा निश्चित किया। साथ ही उन्होंने देशमुखों, देशकुलकर्णियों, पाटिलों और कुलकर्णियों के अधिकार एवं अनुलाभ भी तय किए।

शिवाजी शांतिप्रिय जमींदारों के नहीं अपितु केवल उन्हीं के विरुद्ध थे जो उनके राजनीतिक हितों के लिए गंभीर खतरा बन गए थे। वे केवल इतना चाहते थे कि राजस्व की गड़बड़ी दूर हो और राज्य को उचित अंश मिले।

शिवाजी को बड़े देशमुखों के विरोध का सामना करना पड़ा। ये देशमुख स्वतंत्र मराठा राज्य के पक्ष में नहीं थे और बीजापुर के सामंत ही बने रहना चाहते थे जिससे अपने वतनों के प्रशासन में अधिक स्वायत्त रह सकें। यही शिवाजी का धर्मसंकट था। देशमुखों के समर्थन के बिना वे स्वतंत्र मराठा राज्य की स्थापना नहीं कर सकते थे। अतः शिवाजी ने इस नाजुक राजनीतिक स्थिति का सामना करने के लिए भय और प्रीति की नीति अपनाई। कुछ बड़े देशमुखों को तो उन्होंने सैन्य शक्ति से पराजित किया और कुछ के साथ वैवाहिक संबंध स्थापित किए।

बड़े देशमुखों के साथ शिवाजी की इस अनोखी लड़ाई में छोटे देशमुखों ने शिवाजी का साथ दिया। बड़े देशमुख छोटे देशमुखों को सताते थे और जमीन की बंदोबस्ती और कृषि को बढ़ावा देने की शिवाजी की नीति छोटे देशमुखों के लिए हितकर थी। इसके अतिरिक्त मोरे, शिर्के और निंबालकर देशमुखों के परिवारों में विवाह संबंध स्थापित करने से भी मराठा समाज में उनकी सम्मानजनक स्वीकृति सरल हो गई।

❑❑❑

छत्रपति शिवाजी
मुगलों एवं दक्षिणी राज्यों से संबंध

शिवाजी ने मराठों को संगठित करने और उनमें एक राजनीतिक लक्ष्य के प्रति चेतना जगाने का कार्य किया। शिवाजी की प्रगति का लेखा मराठों के उत्थान को दर्शाता है। 1645-47 के बीच 18 वर्ष की अवस्था में उन्होंने पूना के निकट अनेक पहाड़ी किलों पर विजय प्राप्त की जैसे–रायगढ़, कोंडना और तोरणा। फिर 1656 में उन्होंने शक्तिशाली मराठा प्रमुख चंद्रराव मोरे पर विजय प्राप्त की और जावली पर अधिकार कर लिया, जिसने उन्हें उस क्षेत्र का निर्विवाद स्वामी बना दिया और सतारा एवं कोंकण विजय का मार्ग प्रशस्त कर दिया।

शिवाजी की इन विस्तारवादी गतिविधियों से बीजापुर का सुल्तान शंकित हो उठा किंतु उसके मंत्रियों ने सलाह दी कि वह फिलहाल चुपचाप स्थिति पर निगाह रखे। किंतु जब शिवाजी ने कल्याण पर अधिकार कर लिया और कोंकण पर धावा बोल दिया तो सुल्तान आपा खो बैठा और उसने शिवाजी के पिता शाहजी को कैद करके उनकी जागीर छीन ली। इससे शिवाजी रुकने के लिए विवश हो गए और उन्होंने वचन दिया कि वे और हमले नहीं करेंगे। किंतु फिर उन्होंने बड़ी चतुराई से मुगल शाहजादा मुराद, जो मुगल सूबेदार था, से मित्रता स्थापित की और मुगलों की सेवा में जाने की बात कही। इससे बीजापुर के सुल्तान की चिंता बढ़ गई और उसने शाहजी को मुक्त कर दिया। उसने शाहजी से वादा लिया कि उनका पुत्र अपनी विस्तारवादी गतिविधियाँ

छोड़ देगा। अतः अगले छः वर्षों तक शिवाजी धीरे-धीरे अपनी शक्ति सृदृढ़ करते रहे। इसके अतिरिक्त मुगलों के भय से मुक्त बीजापुर मराठा गतिविधियों का दमन करने में सक्षम था—इस कारण भी शिवाजी को शांति बनाए रखने के लिए विवश होना पड़ा। किंतु जब औरंगजेब उत्तर की ओर चला गया तो शिवाजी ने अपनी जीत का सिलसिला फिर आरंभ कर दिया।

औरंगजेब ने अपने संबंधी शाइस्ता खाँ को शिवाजी से निपटने की जिम्मेदारी सौंपी। शाइस्ता खाँ दक्षिणी सूबे का सूबेदार था। आत्मविश्वास भरे शाइस्ता खाँ ने पूना पर कब्जा कर लिया, चाकण के किलों को अपने अधिकार में ले लिया और दो वर्षों के भीतर ही उसने कल्याण सहित संपूर्ण उत्तरी कोंकण पर अपना आधिपत्य स्थापित कर लिया। अब केवल दक्षिण कि कुछ जागीरें ही शिवाजी के पास रह गईं। शाइस्ता खाँ को आशा थी कि वर्षा समाप्त होने पर वह उन्हें भी जीत लेगा। शिवाजी ने इस अवसर का लाभ उठाया। उन्होंने चुने हुए चार सौ सिपाही लेकर बारात का साज सजाया और पूना में प्रविष्ट हो गए। आधी रात के समय उन्होंने शाइस्ता खाँ के घर धावा बोल दिया। शाइस्ता खाँ और उसके सिपाही तैयार नहीं थे। अपनी नौकरानी की होशियारी से शाइस्ता खाँ तो बच निकला किंतु उसके पुत्र और मुगल सेना को मौत के घाट उतार दिया गया।

इस घटना ने मुगल साम्राज्य की शान को घटाया और शिवाजी के हौंसले तथा प्रतिष्ठा को बढ़ा दिया। औरंगजेब के क्रोध की सीमा न रही। उसे जसवंत सिंह की निष्ठा पर संदेह हुआ और शाइस्ता खाँ को बंगाल भेज दिया। इस बीच शिवाजी ने एक और दुस्साहिक अभियान किया। उन्होंने सूरत पर धावा बोल दिया। सूरत मुगलों का एक महत्वपूर्ण नगर था। शिवाजी ने उसे जी भर कर लूटा और धनदौलत से लदकर घर

लौटे। 1665 के आरंभ में औरंगजेब ने राजा जयसिंह के नेतृत्व में एक अन्य सेना शिवाजी का दमन करने के लिए भेजी। जयसिंह जो कि कछवाहा राजा था, युद्ध और शांति, दोनों ही की कलाओं में निपुण था। वह बड़ा चतुर कूटनीतिज्ञ था और उसने समझ लिया कि बीजापुर को जीतने के लिए शिवाजी से मैत्री करना आवश्यक है। अतः पुरन्दर के किले पर मुगलों की विजय और रायगढ़ की घेराबंदी के बावजूद उसने शिवाजी से संधि की। पुरंदर की यह संधि जून 1665 में हुई।

इस प्रकार मुगलों, बीजापुर के सुल्तान, गोवा के पुर्तगालियों और जंजीरा स्थित अबीसिनिया के समुद्री डाकुओं के प्रबल प्रतिरोध के बावजूद उन्होंने दक्षिण में एक स्वतंत्र हिंदू राज्य की स्थापना की। धार्मिक आक्रामकता के युग में वे लगभग अकेले ही धार्मिक सहिष्णुता के समर्थक बने रहे। उनका राज्य बेलगाम से लेकर तुंगभद्रा नदी के तट तक समस्त पश्चिमी कर्नाटक में विस्तृत था। इस प्रकार शिवाजी एक साधारण जागीरदार के उपेक्षित पुत्र की स्थिति से अपने पुरुषार्थ द्वारा ऐसे स्वाधीन राज्य के शासक बने, जिसका निर्माण स्वयं उन्होंने ही किया था। उन्होंने उसे एक सुगठित शासन-प्रणाली एवं सैन्य-संगठन द्वारा सुदृढ़ करके जन-साधारण का भी विश्वास प्राप्त किया। जिस स्वतंत्रता की भावना से वे स्वयं प्रेरित हुए थे, उसे उन्होंने अपने देशवासियों के हृदय में भी इस प्रकार प्रज्वलित कर दिया कि उनके मरणोपरांत औरंगजेब द्वारा समस्त देश को अपनी सैन्य शक्ति द्वारा रौंद डालने पर भी वे अपनी स्वतंत्रता बनाये रखने में समर्थ रहे। उसी से भविष्य में विशाल मराठा साम्राज्य की स्थापना हुई।

❏ ❏ ❏

छत्रपति शिवाजी
व्यक्तित्व एवं चरित्र

छत्रपति शिवाजी को भारतीय इतिहास का सबसे पराक्रमी योद्धा माना जाता है। उनकी वीर गाथाएं आज भी हमारे लिए प्रेरणा स्रोत हैं। शिवाजी ने मराठा लोगों को एक ऐसा आयाम दिया है जिस पर वह चिरकाल तक गर्व कर सकते हैं। मुगलों से युद्ध करने और उन्हें अपने क्षेत्र से दूर रखने के लिए शिवाजी ने कई अहम मौकों पर देश को संभाला और शक्ति प्रदान की। शिवाजी एक ऐसे आदर्श वीर थे जिनके अंदर अपने वीर होने का कोई गर्व या घमंड नहीं था। उनके जीवन से जुड़ी अनेक गाथाओं में से एक यह है–

एक बार शिवाजी की सेना के एक सैनिक ने मुगल किलेदार की एक युवा और अति सुंदर युवती को उसके घर से उठा लिया और उसकी सुंदरता पर मुग्ध होकर उसे शिवाजी के समक्ष प्रस्तुत करने की ठानी। वह उस युवती को शिवाजी के पास ले गया। जब शिवाजी ने उस युवती को देखा तो वे उसकी सुंदरता की प्रशंसा किये बिना नहीं रह सके लेकिन उन्होंने उस युवती की प्रशंसा में जो कहा वह कुछ इस तरह से था—"काश! हमारी माता भी इतनी सुंदर होतीं तो मैं भी ऐसा सुंदर होता।"

इसके बाद शिवाजी ने अपने सेनापति को हुक्म दिया कि वह उस युवती को शीघ्र से शीघ्र उसके घर ससम्मान छोड़ कर आएँ। साथ ही उन्होंने यह भी स्पष्ट कर दिया कि वे दूसरों की बहू-बेटियों को अपनी माता के समान मानते हैं।

वीर शिवाजी की तलवार में जितनी धार थी उतना ही प्रभावी उनका चरित्र भी था। उन्होंने अपने चरित्र को कभी मलिन नहीं होने दिया।

इसी तरह का एक प्रसंग और है। समर्थ गुरु रामदास स्वामी अपने शिष्यों में सबसे अधिक स्नेह शिवाजी से करते थे। अन्य शिष्य सोचते थे कि उन्हें शिवाजी से उनके राजकुल से होने के कारण ही अधिक प्रेम है। गुरु ने शिष्यों का भ्रम दूर करने के बारे में विचार किया।

एक दिन वे शिवाजी सहित अपनी शिष्य मंडली के साथ जंगल से जा रहे थे। रात्रि होने पर उन्होंने समीप की एक गुफा में जाकर डेरा डाला। सभी वहाँ लेट गए, किंतु थोड़ी ही देर में गुरु रामदास स्वामी के कराहने की आवाजें आने लगीं। शिष्यों ने उनसे कराहने का कारण पूछा, तो उन्होंने बताया कि मेरे पेट में भीषण दर्द है। अन्य शिष्य चुप रहे पर शिवाजी ने उनसे पूछा कि क्या इस दर्द को दूर करने की कोई दवा है। गुरुजी ने बताया कि एकमात्र सिंहनी का दूध ही मेरे पेट के दर्द को दूर कर सकता है।

शिवाजी ने यह सुना और गुरुदेव का तुम्बा उठाकर सिंहनी की खोज में अकेले निकल पड़े। कुछ ही देर में उन्हें एक गुफा से एक सिंहनी की गर्जना सुनाई दी। वे वहाँ पहुँचे, तो देखा कि एक सिंहनी शावकों को दूध पिला रही थी। शिवाजी उस सिंहनी के पास गए और उन्होंने कहा—"माँ मैं तुम्हें मारने या तुम्हारे इन छोटे-छोटे शावकों को लेने नहीं आया हूँ। मेरे गुरुदेव अस्वस्थ हैं और उन्हें तुम्हारे दूध की आवश्यकता है। उनके स्वस्थ होने पर यदि तुम चाहो तो मुझे खा सकती हो।"

सिंहनी शिवाजी के पैरों को चाटने लगी। तब शिवाजी ने सिंहनी का दूध निचोड़ कर तुम्बा भर लिया और उसे प्रणाम करके स्वामी जी के पास पहुँचे। उन्हें सिंहनी का दूध लाया देख समर्थ गुरु बोले, "धन्य हो

शिवा। आखिर तुम सिंहनी का दूध ले ही आए।" उन्होंने अपने अन्य शिष्यों से कहा कि "मैं तो तुम सबकी परीक्षा ले रहा था। पेट दर्द तो एक बहाना था।" गुरुजी ने शिवाजी से कहा, "यदि तुम जैसा शूरवीर शिष्य मेरे साथ हो तो मुझे कोई विपदा छू भी नहीं सकती।"

आज कई व्यक्तियों की राय में वीर शिवाजी की छवि एक मुस्लिम विरोधी शासक की है लेकिन यह सच नहीं है। कई लोग मानते हैं कि जिस तरह नरेन्द्र मोदी को मुस्लिम विरोधी कहना गलत है उसी तरह वीर शिवाजी को भी एक मुस्लिम विरोधी मानने की अवधारणा पालना गलत है। शिवाजी की सेना में कई मुस्लिम नायक और सेनानी थे। शिवाजी केवल कट्टरपंथियों और जुल्मियों के शत्रु थे।

छत्रपति शिवाजी का नाम सुनते ही हर भारतवासी का सीना उनकी न्यायप्रियता, वीरता, शौर्य के कारण गर्व से फूल जाता है। कुछ पक्षपाती इतिहासकारों ने शिवाजी की भरसक आलोचना यह कहते हुए की है कि शिवाजी केवल और केवल हिन्दू हितों के समर्थक थे पर इतिहास सभी प्रश्नों का उत्तर देने में सक्षम है यदि पक्षपात रहित खोज की जाये।

वीर शिवाजी द्वारा उनके राज्य में हिन्दू जनता की रक्षा करना, मन्दिरों का पुनरुद्धार करवाना, गौ-हत्या पर बंदी बनाकर दंड आदि देना, नेताजी पालकर जैसे वीरों की शुद्धि करवाकर फिर से हिन्दू बनाना तो सार्वजनिक तथ्य हैं।

औरंगजेब ने अपने ही पूर्वज अकबर द्वारा अपनाई गई हिन्दू नीति, जिसमें विशेष रूप से राजपूत राजाओं के साथ मित्रता, वैवाहिक सम्बन्ध एवं हिन्दू राजाओं को आपस में लड़ाना शामिल था, का त्याग कर अनेक प्रकार से हिन्दू प्रजा का दमन करना आरंभ कर दिया था।

पाठक सरलता से मुगल राज में हिन्दुओं पर हो रहे अत्याचारों को समझ सकते हैं। वीर शिवाजी ने हिन्दुओं की ऐसी बुरी दशा को देखकर व्यथित मन से औरंगजेब को उसके अत्याचारों से अवगत करवाने के लिए एक पत्र लिखा था। जिसे जानकर अपने शब्दों में तार्किक, शांत प्रबोधन एवं राजनीतिक सूझ-बूझ से लिखा गया बताते हैं।

शिवाजी लिखते हैं—"जगत के सभी प्राणी ईश्वर की संतान हैं। कोई भी राज्य तभी उन्नति करता है जब उसके सभी सदस्य सुख शांति एवं सुरक्षा की भावना से वहाँ पर निवास करते हैं। मुस्लिम तथा हिन्दू एक ही सिक्के के दो पहलू हैं। कोई मस्जिद में इबादत करता है, कोई मंदिर में पूजा करता है; पर सभी उस एक ईश्वर की ही पूजा करते हैं। यहाँ तक कि कुरान में भी उसी एक खुदा या ईश्वर के विषय में कहा गया हैं जो केवल मुसलमानों का ही खुदा नहीं है बल्कि सभी का खुदा है। मुगल राज्य में जजिया एक अनुचित, अविवेकपूर्ण, अनुपयुक्त अत्याचार है जो तभी उचित होता जब राज्य की प्रजा सुरक्षित एवं सुखी होती पर सत्य यह है कि हिन्दुओं पर जबरदस्ती जजिया के नाम पर भारी कर लगाकर उन्हें गरीब से गरीब बनाया जा रहा है।"

"पृथ्वी के सबसे अमीर शहंशाह के लिए गरीब भिखारियों, साधुओं, ब्राह्मणों, अकाल-पीड़ितों पर कर लगाना अशोभनीय है। मच्छर और मक्खियों को मारना कोई बहादुरी का काम नहीं हैं। यदि औरंगजेब में साहस है तो उदयपुर के राणा और मुझसे जजिया वसूल करके दिखाए।"

औरंगजेब अपने कई दुर्ग और क्षेत्र शिवाजी के हमलों में गँवा चुका था और उसे वीर शिवाजी द्वारा यह सीधी चुनौती दी गई थी कि उसने हिन्दू जनता पर जजिया के रूप में अत्याचार करना बंद नहीं किया तो

उसका परिणाम अच्छा नहीं होगा। किंतु अपने अहंकार और धर्मान्धता में चूर औरंगजेब ने शिवाजी के पत्र का कोई उत्तर नहीं दिया।

शिवाजी ने हिन्दू समाज में एक ऐसी जनचेतना और अग्नि प्रज्वलित कर दी थी जिसको बुझाना आसान नहीं था। शिवाजी हिन्दू धर्म के लिए उतने ही समर्पित थे जितना औरंगजेब इस्लाम के लिए समर्पित था परन्तु दोनों में एक भारी भेद था। शिवाजी अपने राज्य में किसी भी धर्म अथवा मत को मानने वालों पर किसी भी प्रकार का अत्याचार नहीं करते थे एवं किसी को भी अपने धर्म को मानने में किसी भी प्रकार की कोई मनाही नहीं थी।

शिवाजी ने अपनी सेना में अनेक मुस्लिमों को स्थान दिया था। 1650 के पश्चात बीजापुर, गोलकुण्डा, मुगलों की रियासत से भागे अनेक मुस्लिम, पठान व फारसी सैनिकों को विभिन्न ओहदों पर शिवाजी द्वारा रखा गया था जिनकी धर्म-सम्बन्धी आस्थाओं में किसी भी प्रकार का हस्तक्षेप नहीं किया जाता था और कई तो अपने अंतिम समय तक शिवाजी की सेना में ही कार्यरत रहे।

कभी शिवाजी के विरोधी रहे सिद्दी संबल ने शिवाजी की अधीनता स्वीकार की थी और उसके पुत्र सिद्दी मिसरी ने शिवाजी के पुत्र शम्भाजी की सेना में काम किया था। शिवाजी की दो टुकड़ियों के सरदारों का नाम इब्राहीम खान और दौलत खान था जो मुगलों के साथ शिवाजी के प्रत्येक युद्ध में भाग लेते थे। काजी हैदर के नाम से शिवाजी के पास एक मुस्लिम था जो कि ऊँचे ओहदे पर था। फोंडा के किले पर अधिकार करने के बाद शिवाजी ने उसकी रक्षा की जिम्मेदारी एक मुस्लिम फौजदार को दे दी थी।

जब आगरा में शिवाजी को कैद कर लिया गया था तब उनकी सेवा में एक मुस्लिम युवक भी था जिसे शिवाजी के बच निकलने का पूरा

वृत्तांत मालूम था। शिवाजी के बच निकलने के पश्चात् उसे अत्यंत बुरी मार मारने के बाद भी उसने अपनी स्वामी-भक्ति का परिचय देते हुए अपना मुँह कभी नहीं खोला था। शिवाजी की सेना में कार्यरत हर मुस्लिम सिपाही चाहे किसी भी पद पर हो, शिवाजी की न्यायप्रिय एवं धर्मनिरपेक्ष नीति के कारण जीवन भर उनके सहयोगी बने रहे।

शिवाजी सर्वदा इस्लामिक विद्धानों और पीरों की इज्जत करते थे और उन्हें धन, उपहार आदि देकर सम्मानित करते थे। उनके राज्य में हिन्दू-मुस्लिम लोगों के मध्य किसी भी प्रकार का कोई भेदभाव नहीं था। जहाँ हिंदुओं को मंदिरों में पूजा करने में कोई रोक-टोक नहीं थी वहीं मुसलमानों को भी मस्जिद में नमाज अदा करने से कोई नहीं रोकता था।

किसी दरगाह, मस्जिद आदि को यदि मरम्मत की आवश्यकता होती तो उसके लिए राजकोष से धन आदि का सहयोग भी शिवाजी द्वारा दिया जाता था। इसीलिए शिवाजी के काल में न केवल हिन्दू अपितु अनेक मुस्लिम राज्यों से मुस्लिम भी शिवाजी के राज्य में आकर बसे थे। शिवाजी की मुस्लिम नीति, न्यायप्रियता और धर्मनिरपेक्षता की जीती जागती मिसाल है।

❑❑❑

छत्रपति शिवाजी
अनन्य गुण

★ आकर्षक व्यक्तित्व के राजा ★

शिवाजी का व्यक्तित्व इतना आकर्षक था कि उनसे मिलने वाला हर व्यक्ति उनसे प्रभावित हो जाता था। उनके मन में धार्मिक और जातीय भेदभाव के लिए कोई जगह नहीं थी। शिवाजी के गुणों की प्रशंसा उनके शत्रु भी करते थे। उन्होंने देशवासियों के दिल में देशभक्ति की प्रबल भावना जगायी, जिससे जनता उनके एक इशारे पर मर-मिटने को तैयार रहती थी।

★ पिता के लिए समर्पित ★

बाल्य काल में कई कारणों से पिता शाहजी भोंसले, शिवाजी के साथ अधिक समय तक नहीं रहे थे, फिर भी उन्होंने हमेशा पिता के मान-सम्मान का ख्याल रखा। जब बीजापुर के सुल्तान ने शाहजी भोंसले को बंदी बना लिया, तो आदर्श पुत्र शिवाजी ने सुल्तान से संधि कर पिता को छुड़वाया। पिता की छोटी सी जागीर को अपने साहस, शौर्य और युद्ध-नीति से एक स्वतंत्र और शक्तिशाली राज्य के रूप में स्थापित किया। पिता से अलग एक बड़े राज्य के अधिपति होने भी उन्होंने अपना राज्याभिषेक पिता की मृत्यु के पश्चात् ही करवाया।

★ आदर्श शिष्य शिवाजी ★

गुरुभक्ति की भावना उनमें कूट-कूट कर भरी हुई थी। गुरु समर्थ रामदास उनके आध्यात्मिक गुरु थे, जिन्होंने उन्हें देश-प्रेम और देश के

उद्धार के लिए प्रेरित किया। एक बार उनके गुरु भिक्षा माँग रहे थे। यह देखकर उन्हें बहुत दुख हुआ। शिवाजी गुरु के चरणों में बैठकर विनती करने लगे कि आप मेरा समस्त राज्य ले लें पर भिक्षा न माँगें। गुरु रामदास ने उनकी गुरुभक्ति से प्रसन्न होकर कहा कि वो राष्ट्रबंधन में नहीं बंध सकते इसलिए शिवाजी उनकी ओर से राज्य कुशलतापूर्वक संचालित करें। इतना कहने के बाद गुरु ने केसरिया रंग के वस्त्र से एक टुकड़ा फाड़ कर दिया और कहा कि यह वस्त्र सदैव तुम्हारे साथ तुम्हारे राष्ट्र-ध्वज के रूप में रहेगा और तुम्हें अपने कर्त्तव्यों की याद दिलाता रहेगा। शिवाजी ने अपने गुरु की वाणी को एक आदर्श शिष्य की तरह याद रखा और हमेशा प्रजा को संतान की तरह मानते रहे। इस कारण उनके शासन-काल में कभी भी आंतरिक विद्रोह नहीं हुआ।

★ शुद्धि पर बल ★

शिवाजी का मुस्लिम प्रेम अपनी प्रजा के प्रति एक राजा द्वारा जैसा होना चाहिए, उस सीमा तक राष्ट्र धर्म के अनुरूप था। इसका अभिप्राय कोई तुष्टिकरण नहीं था। इसी आदर्श को कालांतर में वीर सावरकर ने हिंदू राज्य में स्थापित करने पर बल दिया। शिवाजी इसके उपरांत भी हिंदू संगठन पर विशेष बल देते थे इसलिए उन्होंने निम्बालकर जैसे प्रतिष्ठित हिंदू को पुनः हिंदू बनाकर शुद्ध किया। साथ ही निम्बालकर के पुत्र का विवाह भी अपनी पुत्री से कर दिया। नेताजी पालेकर को 8 वर्ष पश्चात् पुनः शुद्ध करवाकर हिन्दू बनाया। ऐसे कई उदाहरण शिवाजी के विषय में दिए जा सकते हैं।

★ बौद्धिक चातुर्य ★

राजा जय सिंह की विश्वासघात भरी बातों में फंसकर शिवाजी महाराज 1666 में आगरा स्थित औरंगजेब के दरबार में आ गये। उन्हें एक बड़े

सम्मान का भरोसा जयसिंह की ओर से दिया गया था, लेकिन आगरा में ऐसा कुछ न पाकर शिवाजी को वास्तविकता समझने में देर न लगी। औरंगजेब ने उन्हें पाँचहजारी मनसबदारों की पंक्ति में बैठने का निर्देश दिया। जिसे देखकर शिवाजी बिगड़ गये। इसके पश्चात उन्हें नजरबंद कर दिया गया और औरंगजेब उन्हें मारने की योजना बनाने लगा। औरंगजेब के इस इरादे की सूचना राजा यशवंत सिंह के पुत्र कुंवर रामसिंह ने शिवाजी को दे दी। तब शिवाजी ने बौद्धिक चातुर्य से काम लिया, पहले अपने-आपको को बीमार घोषित करवाया फिर फल और मिठाई बाँटने की आज्ञा प्राप्त की। बड़े-बड़े टोकरों में फल और मिठाई भर-भरकर बाहर जाने लगे। जब दरवाजों पर टोकरों की रोक-टोक समाप्त हो गयी तब चुपके से अपने पुत्र शम्भाजी को पहले एक टोकरे में बैठाकर बाहर निकाल दिया फिर स्वयं भी उसी प्रकार बाहर निकल गये। बिस्तर में अपने एक हमशक्ल साथी को लिटा दिया और स्वयं बैरागी गुसाईंयों की एक टोली के साथ काशी के लिए चल दिये। काशी में एक मुगल सेनापति ने उक्त मंडली रोक ली तो स्वयं को फंसा देखकर एक मुगल सैनिक से सांठगांठ की और उसे दो बेशकीमती हीरे देकर वहाँ से भी निकल भागे। यह था शिवाजी का बौद्धिक चातुर्य। ऐसा ही चातुर्य उन्होंने अफजल खाँ का वध करते समय 1659 में भी दिखाया था।

★ मर्यादा ★

शिवाजी ने किसी भी मस्जिद को किसी सैनिक अभियान में नष्ट नहीं किया। इस बात को मुस्लिम इतिहासकारों ने भी खुले दिल से सराहा है। गोलकुण्डा के अभियान के समय शिवाजी को यह सूचना मिल गयी थी कि वहाँ का बादशाह शिवाजी के साथ संधि करना चाहता है, इसलिए उस राज्य में जाते ही शिवाजी ने अपनी सेना को आदेश दिया कि यहाँ

लूटपाट न की जाए अपितु सारा सामान पैसे देकर ही खरीदा जाए। बादशाह को यह बात प्रभावित कर गयी। जब दोनों आपस में मिले तो शिवाजी ने बड़े प्यार से बादशाह को गले लगा लिया।

शिवाजी ने गौहरबानो नाम की मुस्लिम महिला को उसके परिवार में ससम्मान पहुँचाया। उनके मर्यादित और संयमित आचरण के ऐसे अनेकों उदाहरण है। शिवाजी ने अपने बेटे शम्भाजी को भी अमर्यादित आचरण करने के आरोप में सार्वजनिक रूप से दण्डित किया था।

★ विशाल हिंदू राज्य के निर्माता ★

शिवाजी देश में हिंदू राजनीति को स्थापित कर देश से विदेशियों को खदेड़ देना चाहते थे। उनकी राजनीति का मूल आधार नीति, बुद्धि तथा मर्यादा—ये तीन बिंदु थे। रामायण, महाभारत तथा शुक्रनीतिसार का उन्होंने अच्छा अध्ययन किया था। इसलिए उन्होंने अपने राज्य को इन्हीं तीनों ग्रंथों में उल्लेखित राजधर्म के आधार पर स्थापित करने का पुरूषार्थ किया। शुक्र नीति में तथा रामायण व महाभारत में राजा के लिए आठ मंत्रियों की मंत्रिपरिषद का उल्लेख आता है। इसलिए शिवाजी महाराज ने भी अपने राज्य में आठ मंत्रियों का मंत्रिमंडल गठित किया था।

❑❑❑

छत्रपति शिवाजी

अनमोल वचन

- "यदि मनुष्य के पास आत्मबल है, तो वो समस्त संसार पर अपने हौसले से विजय की पताका लहरा सकता है।"
- "इस जीवन में सिर्फ अच्छे दिनों की आशा नहीं रखनी चाहिए, क्योंकि दिन और रात की तरह अच्छे दिनों को भी बदलना पड़ता है।"
- "अंगूर को जब तक न पेरो वो मीठी मदिरा नहीं बनता, वैसे ही मनुष्य जब तक कष्ट में पिसता नहीं, तब तक उसके अंदर की सर्वोत्तम प्रतिभा बाहर नहीं आती।"
- "जो मनुष्य समय के कुचक्र में भी पूरी शिद्दत से अपने कार्यों में लगा रहता है। उसके लिए समय खुद बदल जाता है।"
- "प्रतिशोध की अग्नि मनुष्य को जलाती रहती है, संयम ही प्रतिशोध को काबू में करने का उपाय होता है।"
- "कोई भी कार्य करने से पहले उसका परिणाम सोच लेना हितकर होता है; क्योंकि हमारी आने वाली पीढ़ी उसी का अनुसरण करती है।"
- "अपने आत्मबल को जगाने वाला, खुद को पहचानने वाला, और मानव जाति के कल्याण की सोच रखने वाला, पूरे विश्व पर राज्य कर सकता है।"
- "स्वतंत्रता एक वरदान है, जिसे पाने का अधिकारी हर कोई है"
- "एक छोटा कदम छोटे लक्ष्य पर, बाद में विशाल लक्ष्य भी हासिल करवा देता है।"

- "जरुरी नहीं कि विपत्ति का सामना दुश्मन के सम्मुख से ही करने में वीरता हो, वीरता तो विजय में है।"
- "जब हौंसले बुलंद हों तो पहाड़ भी एक मिट्टी का ढेर लगता है।"
- "शत्रु को कमजोर न समझो, तो अत्यधिक बलिष्ठ समझ कर डरना भी नहीं चाहिए।"
- "जब लक्ष्य जीत का हो तो हासिल करने के लिए कितना भी परिश्रम, कोई भी मूल्य, क्यों न हो, उसे चुकाना ही पड़ता है।"
- "सर्वप्रथम राष्ट्र, फिर गुरु, फिर माता-पिता, फिर परमेश्वर, अतः पहले स्वयं को नहीं राष्ट्र को देखना चाहिए।"

❑❑❑

छत्रपति शिवाजी

जीवन एवं कार्य—एक नजर में

- **1630 :** 19 फरवरी को शिवनेरी दुर्ग (पुणे, महाराष्ट्र) में जन्म।
- **1636 :** मुगलों के हाथों पिता की हार।
- **1636 :** पिता द्वारा परित्याग।
- **1640 :** 14 मई को साइबाई निम्बालकर के साथ लाल महल (पुणे) में विवाह।
- **1646 :** तोरण किले पर विजय।
- **1647 :** शिवाजी के गुरु और संरक्षक दादोजी कोणदेव की मृत्यु।
- **1648 :** पुरंदर किले पर विजय।
- **1648 :** पिता बीजापुर में गिरफ्तार।
- **1649 :** पिता की रिहाई करवाई।
- **1653 :** पूर्ण स्वतंत्रता की घोषणा।
- **1656 :** जावली पर विजय प्राप्त।
- **1657 :** मुगलों से टकराव।
- **1659 :** अफजल खान को मारा।
- **1659 :** कोल्हापुर की लड़ाई।
- **1659 :** प्रतापगढ़ की लड़ाई।
- **1660 :** पन्हाला की घेराबंदी तथा वहाँ से बच निकलना।
- **1661 :** उम्बर खिंड की लड़ाई।
- **1661 :** कोंकण पर आक्रमण।
- **1663 :** शाइस्ता खान को हराया।
- **1664 :** सूरत की लूट (प्रथम)।

- **1665 :** पुरंदर की लड़ाई एवं संधि।
- **1666 :** औरंगजेब द्वारा आगरा में नजरबंद।
- **1666 :** आगरा से फरार तथा रायगढ़ में वापसी।
- **1667 :** औरंगजेब को पत्र भेजा।
- **1668 :** मुगलों के साथ पुनः संधि।
- **1670 :** मुगलों के साथ पुनः टकराव एवं संधि का उल्लंघन।
- **1670 :** कोंडना दुर्ग (सिंहगढ़) पर विजय प्राप्त।
- **1670 :** डिंडोरी की लड़ाई।
- **1670 :** सूरत की लूट (द्वितीय)।
- **1671 :** सल्हर दुर्ग की लड़ाई एवं विजय।
- **1672 :** पन्हाला, पाली और सतारा के दुर्गों पर विजय।
- **1672 :** कर्नाटक अभियान।
- **1674 :** राज्याभिषेक।
- **1674 :** माता जीजाबाई का निधन।
- **1675 :** खानदेश पर हमला।
- **1675 :** कारवाड़ पर हमला।
- **1675 :** कोल्हापुर पर हमला।
- **1675 :** जंजीरा के सिद्दियों के साथ नौसेना झड़प।
- **1676 :** बेलगाम घेराबंदी।
- **1680 :** 2 अप्रैल को निधन।

❏ ❏ ❏

www.ingramcontent.com/pod-product-compliance
Lightning Source LLC
LaVergne TN
LVHW051203080426
835508LV00021B/2784
9789350122662